BOEKANALYSE

AF137813

Is dit een mens
• • • • • • • • • • • • • • • • •

PRIMO LEVI

BOEKANALYSE

Geschreven door Alexandre Randal
Vertaald door Nikki Claes

Is dit een mens

PRIMO LEVI

PRIMO LEVI

ITALIAANS SCHRIJVER EN HOLOCAUST OVERLEVENDE

- **Geboren in Turijn in 1919.**
- **Overleden in Turijn in 1987.**
- **Opmerkelijke werken:**
  - *Het bestand* (1963), roman
  - *The Wrench* (1978), roman
  - *The Drowned and the Saved* (1986), essays…

Primo Levi werd geboren in Turijn in een joodse familie uit de middenklasse. Na een studie scheikunde in zijn geboortestad verhuisde hij voor zijn werk naar Milaan en sloot zich in 1943 aan bij het antifascistische verzet. Als gevolg daarvan werd hij gearresteerd en op 22 februari 1944 naar Auschwitz gedeporteerd. Daar bleef hij een jaar, tot de bevrijding van het kamp door het Rode Leger in januari 1945. Na zijn terugkeer naar Italië vond hij werk als chemicus en trouwde hij met Lucia Morpurgo, met wie hij twee kinderen kreeg.

Onmiddellijk na zijn terugkeer uit Auschwitz begon hij aan zijn eerste boek, *If This Is a Man* (1947). Daarna volgden verschillende andere boeken, waaronder *The Truce* (1963), dat vertelt over zijn reis terug naar Italië, *The Periodic Table* (1975), waarin zijn ervaringen als chemicus centraal staan, en *The Drowned and the Saved* (1986), zijn laatste en donkerste boek. Levi pleegde zelfmoord in 1987.

IS DIT EEN MENS

AUSCHWITZ EN DE VERNIETIGING VAN DE MENSHEID

- **Genre:** autobiografische roman
- **Referentie uitgave:** Levi, P. (1991) *If This Is a Man/The Truce*. Trans. Woolf, S. Londen: Abacus.
- **1ste editie:** 1947
- **Thema's:** de Holocaust, Tweede Wereldoorlog, nazisme, concentratiekampen, overleven, menselijkheid

If This Is a Man was een van de eerste verslagen over het leven in de nazi-concentratiekampen die werden gepubliceerd en had volgens de auteur tot doel "documentatie te verschaffen voor een stille studie van bepaalde aspecten van de menselijke geest". Dit eerste persoonlijke verhaal werd ingegeven door Levi's dringende behoefte om zijn ervaring met Auschwitz te delen met degenen die de verschrikkingen ervan niet hadden meegemaakt.

De roman werd voor het eerst gepubliceerd in 1947 door een kleine uitgeverij, en het succes was aanvankelijk bescheiden. Pas toen het in 1958 opnieuw werd uitgegeven, bereikte het boek een groter publiek en inspireerde het zelfs tot theater- en radiobewerkingen. Sindsdien wordt *If This Is a Man* beschouwd als een van de belangrijkste literaire werken over concentratiekampen.

SAMENVATTING

HET LEVEN IN HET KAMP

Op 24-jarige leeftijd sluit Levi zich aan bij het antifascistische verzet in Italië, wat leidt tot zijn arrestatie door de militie. Tijdens het daaropvolgende verhoor verklaart hij dat hij een "Italiaanse burger van Joodse afkomst" is. Vervolgens wordt hij naar een kamp bij Modena gestuurd. Van daaruit worden 600 Joden – mannen, vrouwen en kinderen – in verzegelde goederenwagons naar Auschwitz vervoerd.

Daar worden de gezonden van de zieken gescheiden, waarbij de eersten naar de kampen Buna-Monowitz en Birkenau worden gestuurd en de laatsten tot de gaskamer worden veroordeeld. Levi beschrijft de mannen die weten dat ze hun dood tegemoet gaan en hun verbazing over de gratuite, emotieloze brutaliteit van de SS.

Levi en zijn metgezellen worden onmiddellijk ontdaan van al hun bezittingen, geschoren en getatoeëerd. Ze krijgen dezelfde oude kleren aan die ze de vorige dag kampgevangenen hadden zien dragen. Levi leert al snel de codes van het Lager (kamp), die elke activiteit regelen, van arbeid tot maaltijden en slaap. Binnen enkele dagen beseft hij dat het zinloos is om naar de toekomst te kijken of zich het verleden te herinneren.

Kort na zijn aankomst wordt hij ingedeeld in Blok 30, waar hij twee fundamentele elementen van het kampleven ontdekt:

de wirwar van talen en de waarde van brood, dat niet alleen voedsel is, maar ook als betaalmiddel dient. Hij ontmoet ook Steinlauf, een voormalige sergeant in het Oostenrijks-Hongaarse leger, die zich elke dag wast om zijn menselijkheid vast te houden, het kamp te overleven en achteraf te getuigen. Levi heeft echter moeite om de zin in te zien van het vasthouden aan een waardesysteem op een plaats die zo hels en zinloos is als het Lager.

Levi verwondt later zijn voet aan een ijzeren balk en wordt naar de kliniek gestuurd, waar hij ongeveer 20 dagen verblijft. De gevangenen daar zijn niet verplicht om te werken, wat hen de tijd geeft om na te denken over wat ze hebben achtergelaten en over het lijden dat mensen hun medemensen in Auschwitz aandoen. Ze zijn vastbesloten om het nieuws van de verschrikkingen van het kamp te verspreiden als ze het er levend vanaf brengen.

Levi ziet het leven in de Lager als een gelegenheid om de menselijke ziel te analyseren, en deelt zijn medegevangenen mentaal in twee categorieën in: de uitverkorenen en de verdoemden. De verdoemden zijn degenen die zich aan de regels houden en hun lot gedwee aanvaarden, terwijl de uitverkorenen met alle mogelijke middelen weten te overleven: diefstal, vindingrijkheid of brute kracht.

BLOK 45

Bij zijn vertrek uit Ka-Be (de naam van de medische kliniek van het kamp) wordt Levi willekeurig overgeplaatst naar blok 45, waar hij bij toeval zijn vriend Alberto aantreft. Opnieuw moet hij ruilen voor bestek en andere zaken die nodig zijn om te overleven, voordat hij terugkeert naar het uitputtende werktempo en de rusteloze nachten. De lange werkdagen in de kou en de sneeuw maken de gevangenen totaal uitgeput. Ze worden onderbroken door korte ontsnappingen naar de latrines, altijd onder toezicht van een collega, en de langverwachte lunchpauze. De lunch is een waterige soep, die de gevangenen opwarmt en hen een kort moment van adempauze biedt.

Handel staat centraal in het kampleven: tabak, stof en voedsel uit de karige rantsoenen van de gevangenen worden gestolen en geruild. De waarde van elk item fluctueert afhankelijk van de gebeurtenissen. Het centrum van deze activiteit is de ruilmarkt, waar alle gevangenen per nationaliteit samenkomen. Zowel dieven als slachtoffers van diefstal worden streng gestraft, maar in het kamp vervagen al snel de grenzen tussen goed en kwaad.

Het enige doel van de gevangenen van het Lager is vol te houden tot de lente. Hoewel de kou geleidelijk afneemt, wordt de honger nog groter. Templer, de meest vindingrijke van Levi's collega's, weet een grote pot soep te bemachtigen, zodat iedereen in de groep drie liter extra kan eten, drie keer het dagelijkse rantsoen. In Auschwitz wordt het Duitse werkwoord *fressen, dat* gewoonlijk op dieren wordt toegepast, gebruikt om te verwijzen naar het eten, waardoor de gevangenen nog meer van hun menselijkheid worden beroofd.

KOMMANDO 98

Levi en Alberto worden gerekruteerd bij Kommando 98, dat bestaat uit chemiespecialisten. Levi wordt aanvankelijk belast met het vervoer van magnesiumchloride, voordat hij de kans krijgt een chemie-examen af te leggen dat hem veel betere arbeidsvoorwaarden oplevert. Het onderzoek wordt geleid door Doktor Pannwitz, die hem bekijkt alsof hij geen mens is, maar eerder deel uitmaakt van een andere soort die het verdient te worden geëlimineerd.

Jean is de "Pikolo", oftewel het jongste lid, van Kommando 98. Hij heeft geen taak toegewezen gekregen, maar is verantwoordelijk voor verschillende taken, waaronder het wassen van de kommen. Hij is zeer geliefd bij zijn collega's en vraagt Levi om hem te vergezellen om de pot soep te gaan halen. Onderweg reciteert Levi de Canto van Odysseus uit de *Goddelijke Komedie* van Dante (Italiaanse schrijver, 1265-1321).

DE BEVRIJDING VAN HET KAMP

In de zomer van 1944, wanneer de gevangenen in een soort fuga-toestand zijn beland waarin de begrippen verleden, toekomst en tijd geen enkele betekenis meer hebben, beginnen de geallieerden een nieuwe bombardementscampagne boven Auschwitz. Op dat moment neemt Lorenzo, een Italiaanse burgerarbeider, Levi onder zijn hoede en herinnert hem aan zijn menselijkheid.

Op een regenachtige dag in november werkt Levi samen met Kraus. Levi denkt dat Kraus niet lang meer zal leven, maar als ze aan het eind van de dag terugkomen, praat hij uitvoerig over een droom die hij voorwendt te hebben gehad, waarin Kraus hem na de oorlog komt opzoeken in Italië.

De winter nadert echter en de kou en de honger in het kamp nemen toe. Er vindt een nieuwe selectie plaats, en iedereen die er te zwak uitziet wordt naar de gaskamers gestuurd. Kuhn, een oudere man, dankt God dat hij niet gekozen is. Naast hem zwijgt de 20-jarige Beppo, zich er ten volle van bewust dat hij voorbestemd is voor de Endlösung. Na zijn onderzoek wordt Levi naar het chemisch laboratorium gestuurd, waar hij wordt beschermd tegen de strenge winter, de gevaren van het werk en, tot op zekere hoogte, de honger. Hij werkt samen met drie Duitse vrouwen, en de manier waarop zij naar hem kijken doet hem beseffen dat zij hem zien als afstotelijk en minder dan menselijk.

Levi en Alberto hebben verschillende trucs bedacht om aan voedsel te komen, waaronder het werken met burgerpersoneel. Op een avond moeten de gevangenen, in plaats van naar het appèl te gaan, toekijken hoe een man wordt geëxecuteerd door ophanging omdat hij probeerde een opstand te organiseren. Geen van de gevangenen in de menigte oordeelt of probeert de Duitsers te trotseren.

Nadat hij roodvonk heeft gekregen, wordt Levi in januari 1945 opnieuw in Ka-Be opgenomen. Als de Russen dichterbij komen, dwingen de Duitsers de gevangenen het kamp te verlaten en laten Levi en de rest van de zieken achter in de klinieken. Door samen te werken met twee Franse gevangenen weet hij te overleven tot het Rode Leger arriveert.

KARAKTERSTUDIE

Alle personages in *If This Is a Man hebben* echt bestaan en hebben samen met de verteller het concentratiekamp mee-gemaakt. Ze kunnen worden onderverdeeld in twee grote categorieën: zij die Levi hielpen en zij die hem tegenwerkten.

PRIMO LEVI

De auteur is tevens de verteller en hoofdpersoon. Aan het begin van het boek is hij een 24-jarige chemicus die op 13 december 1943 door de nazi's gevangen wordt genomen. De andere concentratiekampbewoners geven hem de bijnaam "twee linkerhanden" omdat hij onhandig is en moeite heeft met het handwerk dat ze moeten verrichten. Na zijn aan-komst wordt hij overgebracht naar Monowitz-Buna, een sub-kamp van Auschwitz, en krijgt hij het nummer 174517.

Aanvankelijk behoudt hij zijn aangeboren eerlijkheid en vrij-gevigheid, maar al snel beseft hij dat hij, als hij wil overleven, zich zal moeten aanpassen aan de harde regels van de Lager, waar geen plaats is voor vriendelijkheid of mededogen en de enige manier om zich te redden bestaat uit sluwheid en bedrog.

Hij dankt zijn leven aan zijn kennis van scheikunde, die hem een plaats oplevert in het scheikundelaboratorium van het kamp. Hierdoor kan hij binnen werken in plaats van buiten met balken sjouwen, wagens duwen en mogelijke slagen van Nazi soldaten verdragen.

Op 11 januari 1945 krijgt Levi roodvonk en wordt overgebracht naar Ka-Be. Op 17 januari evacueren de nazi's in allerijl het kamp, waarbij ze de meeste gevangenen dwingen hen te vergezellen op lange dodenmarsen, maar de zieken achterlaten. Soldaten van het Rode Leger arriveren op 27 januari om Auschwitz te bevrijden, maar Levi keert pas op 19 oktober van dat jaar terug naar Turijn. Zijn terugreis vormt de basis van zijn roman *The Truce*, die samen met *If This Is a Man in* één Engelse editie werd uitgegeven.

HELPERS

Alberto

Alberto, een 22-jarige Italiaan, blijkt een grote hulp voor Levi en wordt zijn beste vriend in het kamp. Hij past zich snel aan het leven in het Lager aan, nadat hij beseft hoe sterk zijn karakter moet zijn om daar te overleven, maar is toch in staat zijn aangeboren goedheid te bewaren. Hij en Levi bundelen hun middelen om een kom te kopen, en dit houdt hen in leven. Hij sterft wanneer de nazi's het kamp evacueren.

Lorenzo

Lorenzo is burgerarbeider in het chemisch laboratorium van het kamp in Buna. In tegenstelling tot de gevangenen wordt hij betaald, hoeft hij niet op zondag te werken en heeft hij recht op verlof. Hij is een vriendelijke man en helpt Levi in leven te houden door hem zes maanden lang elke dag extra eten te geven. Lorenzo en de andere burgerarbeiders worden op 1 januari 1945 vrijgelaten, en hij reist dan naar Turijn om

Levi's moeder te vertellen dat hij het kamp nog niet heeft kunnen verlaten, maar nog wel in leven is.

Charles

Charles is een Franse gevangene die naar Auschwitz komt terwijl het kamp wordt geëvacueerd en de laatste tien dagen met Levi in de kliniek doorbrengt. Ze weten een gietijzeren kachel te bemachtigen waarmee ze de ziekenboeg verwarmen en de 11 patiënten in leven houden tot het Rode Leger het kamp bevrijdt. Na het einde van de oorlog houden de twee mannen contact.

Pikolo

Jean, bijgenaamd Pikolo omdat hij de jongste is in Kommando 98, de eenheid die gespecialiseerd is in chemie, is een student farmacie uit de Elzas. Hij helpt Levi door hem te vragen elke avond met hem mee te gaan om de soep te halen, zodat hij een tijdje niet hoeft te werken en zijn energie kan sparen. Tijdens een van hun gesprekken draagt Levi hem Dante's Canto van Ulysses voor.

TEGENSTANDERS

Doktor Pannwitz

Doktor Pannwitz is lid van de SS en haat Joden. Hij heeft de leiding over het chemisch laboratorium van het Lager, en hij is degene die Levi's scheikunde examen afneemt.

De groene driehoeken

De groene driehoeken zijn de Duitse gevangenen in het kamp. Het feit dat zij Duits zijn geeft hen de overhand over de andere gevangenen, en zij heersen graag over hun medegevangenen.

De Kapo's

De Kapos staan aan de top van de kamphiërarchie. De gewone gevangenen staan bekend als Häftling en staan onder de Prominenten, waaruit de Kapo's afkomstig zijn. De Kapo's weten dat ze boven de andere gevangenen staan en maken snel misbruik van hun macht.

POLITIEKE EN HISTORISCHE CONTEXT

Hitler kwam aan de macht in Duitsland in 1933, en het concentratiekamp Dachau, waar aanvankelijk politieke gevangenen werden vastgehouden, werd in hetzelfde jaar geopend. In 1935 werden de Neurenberger wetten van kracht, die tot doel hadden de vermeende zuiverheid van het Duitse ras te bewaren. In de praktijk ontnamen deze wetten Joden en andere minderheidsgroepen hun politieke rechten en verboden hen bepaalde beroepen uit te oefenen. In 1938 organiseerden de nazi's de Nacht van Gebroken Glas, een pogrom tegen joden in het hele Derde Rijk. Vervolgens werden Joden tot het einde van de Tweede Wereldoorlog in steeds grotere aantallen onder dwang afgevoerd naar concentratiekampen.

In de concentratiekampen zaten politieke tegenstanders van de nazi's, zoals communisten en leden van het verzet, leden van zogenaamde "minderwaardige rassen", zoals Joden en Roma, en mensen die als overbodig werden beschouwd, zoals gehandicapten. De honger, kou, ziekte en mishandeling die het kampleven kenmerkten, leidden tot de dood van veel gevangenen. Ondertussen werden in Polen, dat vanaf 1941 door Duitsland werd bezet, vernietigingskampen ingericht voor de massamoord, voornamelijk in de gaskamers, op de mensen die daarheen werden gebracht (waaronder Joden, iedereen die ongeschikt was voor dwangarbeid, Roma en politieke gevangenen).

Wat wij Auschwitz noemen, was eigenlijk een netwerk van kampen dat bestond uit Auschwitz, Birkenau en Monowitz. Het werd gebouwd in 1940 en bleef actief tot het in januari 1945 door de Sovjets werd bevrijd. Levi werd opgesloten in het laatste van deze kampen, Monowitz, dat genoemd was naar een klein dorp in de buurt. Het was een concentratiekamp, waar gevangenen ofwel dwangarbeid verrichtten, bijvoorbeeld in de fabriek van IG Farben, ofwel naar de gaskamers in andere subkampen van Auschwitz werden gestuurd.

De menselijkheid van de gevangenen in de kampen werd systematisch ontkend:

- ze werden in veewagens naar het kamp vervoerd;

- ze werden geïdentificeerd door een gevangenennummer op hun arm getatoeëerd, niet door hun naam;

- ze werden aangeduid met het Duitse woord *Stück*, dat "stuk" betekent;

- Het gas waarmee ze werden vermoord was hetzelfde product dat werd gebruikt om de scheepsruimen te ontsmetten van luizen en bedwantsen;

- hun lijken werden gebruikt als "grondstof" in het Derde Rijk; hun haar werd bijvoorbeeld gebruikt om kunstmest te maken.

Zoals *If This Is a Man* overduidelijk maakt, gebruikten de nazi's alle middelen die hun ter beschikking stonden om hun gevangenen te vernederen en te ontmenselijken.

ANALYSE

HET VERSTRIJKEN VAN DE TIJD

In het voorwoord van het boek stelt Levi dat het geen feiten over de concentratiekampen zal onthullen die de lezer elders niet te weten kan komen. Zijn ervaringen in het kamp zijn echter stevig geworteld in de historische realiteit van de Tweede Wereldoorlog. Zo opent het laatste hoofdstuk met een beschrijving van het gebulder van Russische kanonnen en roept Levi de geallieerde bombardementen op van Opper-Silezië (de regio in het huidige Polen waar Auschwitz ligt) in de zomer en herfst van 1944. De auteur deelt de gefragmenteerde percepties van de gevangenen van de oorlogsgebeurtenissen met zijn lezers, die ze vervolgens in hun historische context kunnen plaatsen.

Het dagelijks leven was gestructureerd volgens een strikt werkschema, dat varieerde naargelang het seizoen. Het is gemakkelijk te veronderstellen dat dit de gevangenen in staat zou hebben gesteld het verstrijken van de tijd bij te houden, herinneringen op te halen en plannen te maken voor de toekomst, maar het boek laat zien dat de extreme fysieke, mentale en morele ontberingen die zij ondergingen, hen niet in staat stelden terug te kijken op het verleden of verder te denken dan de onmiddellijke toekomst:

"Voor levende mensen hebben de eenheden van tijd altijd een waarde, die toeneemt in verhouding tot de kracht van de interne middelen van de persoon die ze doormaakt; maar voor ons stroomden uren, dagen, maanden traag uit de toekomst in het verleden, altijd te langzaam, een waardeloos

> *en overbodig materiaal waarvan we ons zo snel mogelijk wilden ontdoen. Voor ons stond de geschiedenis stil."*

Het boek van Levi laat ons daarom zien dat de kampbewoners niet alleen in de ruimte, maar ook in de tijd gevangen zaten, omdat het systeem het verstrijken van de tijd voor hen van zijn betekenis beroofde.

EEN VREEMDE TOREN VAN BABEL

Auschwitz kende een veelheid aan Europese talen, maar de bestuurders van het kamp spraken alleen Duits. Als ze wilden overleven, moesten de Häftling deze taal vanaf hun aankomst begrijpen. Levi was zorgvuldig om alle dialogen en tussenwerpsels in hun oorspronkelijke taal te transcriberen, zodat de lezer hetzelfde onbegrip zou ervaren als de gevangenen.

Taal was niet alleen moeilijk te begrijpen in het Lager; ze was ook ontoereikend om de ervaringen van de gevangenen te beschrijven. Zoals Levi uitlegt, waren de beschikbare woorden door vrije mannen bedacht en konden zij de verschrikkelijke realiteit van het kamp niet uitdrukken: "Als de Lagers langer hadden geduurd, zou er een nieuwe, harde taal zijn ontstaan".

Taal en literatuur vormen echter de basis van een gesprek van een uur met een andere gevangene, Jean. In het hoofdstuk "De Canto van Odysseus", dat geschreven is in de vorm van een vrij indirect discours, hebben de twee mannen een uur om de soep te halen. Onder het voorwendsel Jean Italiaanse les te geven, draagt Levi hem Dante's Canto van Odysseus uit het hoofd voor. Zo claimen ze deze tijd als hun eigen tijd en stappen ze in de wereld van de universele literatuur. Veelzeggend is dat Odysseus een personage is dat een lange reis vol beproevingen onderneemt alvorens naar huis terug te keren, net als Levi. Deze episode kan worden gezien als een *mise en abyme* (een techniek waarbij het ene werk in het andere wordt gereproduceerd) die het boek als geheel weerspiegelt: net als Odysseus wordt Levi geconfronteerd met de kwellingen van de hel en keert hij terug om daarvan te getuigen door de kracht van de literatuur.

Terwijl de taal in Auschwitz dient om de gevangenen te vernederen en hun begrip te belemmeren, en woorden hun lijden niet kunnen beschrijven, is het paradoxaal genoeg door taal en woorden dat Levi uiteindelijk zijn ervaringen tot leven brengt.

AUSCHWITZ EN DE MENSELIJKE ZIEL

In *If This Is a Man* probeert Levi te getuigen van de verschrikkingen van Auschwitz. Daartoe schrijft hij in de eerste persoon en gebruikt hij sobere, beheerste en precieze taal. Hij presenteert zijn ervaringen op een schijnbaar afstandelijke manier: zo vertelt hij in het hoofdstuk "Het verhaal van tien dagen" het verhaal van 18 Fransen die door een geïsoleerde groep SS-ers werden opgepakt en vermoord toen zij, in de veronderstelling dat Auschwitz leeg was, de eetzaal van de SS betraden. De toon van dit deel is volledig feitelijk, zonder een spoor van emotie.

Levi's objectieve benadering stelt hem ook in staat contrasten tussen verschillende tonen aan te brengen. Het hoofdstuk "De laatste" begint met een bijna vrolijke toon, als de auteur de trucs en uitwisselingen beschrijft die hij met zijn vriend Alberto heeft uitgevoerd. Het hoofdstuk eindigt echter met een uiterst brute scène, namelijk de dood door ophanging van de laatste persoon die probeert een opstand te beginnen en de daarmee gepaard gaande schaamte van Levi en Alberto over hun passiviteit, die hen is ingeprent door het leven in het kamp. Door een afstandelijk, nuchter perspectief aan te nemen, laat Levi de lezer de episode op zijn eigen manier interpreteren, zonder zijn eigen gevoelens op te dringen:

> *"Ik dacht dat mijn relaas des te geloofwaardiger en nuttiger zou zijn naarmate het objectiever leek en minder emotioneel klonk; alleen zo vervult een getuige in rechtszaken zijn taak, namelijk het terrein voorbereiden voor de rechter. De rechters zijn mijn lezers."*

Zoals Levi in het voorwoord uitlegt, wil hij de lezers de gelegenheid bieden de menselijke ziel te analyseren. Onderdeel hiervan is het beschrijven van de fysieke, mentale en morele verwoesting die de concentratiekampgevangenen wordt aangedaan. De gevangenen werden al tijdens de treinreis geconfronteerd met fysieke kwellingen, toen ze dicht opeengepakt zaten zonder lucht, water of voedsel. Later, in het hoofdstuk "Op de bodem", beschrijft Levi de scène waarin de gevangenen werden gedwongen hun laatste bezittingen achter te laten. Ze kregen ook te maken met immens psychisch lijden, want hun naam, een belangrijk kenmerk van hun identiteit, werd hen ontnomen en vervangen door een nummer. Bovendien werden morele waarden volledig vernietigd: zoals het hoofdstuk "De kant van goed en kwaad" laat zien, verloren de waarden van goed en kwaad elke betekenis, aangezien de slachtoffers van diefstal samen met de dieven werden gestraft:

> *"Een mens vernietigen is moeilijk, bijna even moeilijk als er een scheppen: het was niet gemakkelijk, noch snel, maar het is jullie Duitsers gelukt. Hier zijn we, volgzaam onder jullie blik; van onze kant hebben jullie niets meer te vrezen; geen gewelddaden, geen woorden van verzet, zelfs geen blik van oordeel."*

Levi kreeg nooit de kans om betekenisvol contact met de Duitsers te leggen. De enige echte interactie die hij had was met een SS-officier toen het concentratiekampsysteem uit elkaar viel, een paar dagen voor de komst van de Russen. Gedurende de hele roman illustreert Levi hoe de menselijkheid van de gevangenen geleidelijk aan werd ontnomen, terwijl hij ook duidelijk laat zien hoe echte onmenselijkheid eruit ziet door zijn portrettering van degenen die het Lager leidden en hun houding tegenover de gevangenen. Als zodanig is het centrale thema van *If This Is a Man* zelfs in de titel evident.

Om de volle draagwijdte van de titel *If This Is a Man* te begrijpen, is het belangrijk te kijken naar het gedicht, getiteld *Consider If This Is a Man*, dat als epigraaf van de roman dient. Dit gedicht gaat in op de menselijkheid van de gevangenen in de concentratiekampen en herinnert ons aan onze plicht tot herinnering aan de verschrikkingen die daar werden begaan. De oorspronkelijke titel van de roman, *Se questo è un uomo*, roept ook vragen op over de menselijke conditie, vooral door het woord *questo*, dat vertaald kan worden als "dit" of "dat". Zo roept de titel de schade op die aan de mensheid is toegebracht in de kampen, die tot doel hadden de gevangenen zowel fysiek als moreel te vernietigen. De titel stelt ook de vraag of degenen die in staat waren zo'n systeem te ontwikkelen en te leiden wel als menselijk kunnen worden beschouwd, wat betekent dat het alle belangrijke thema's van de roman omvat.

DE WAPENSTILSTAND

Het bestand volgt chronologisch op *If This is a Man*. Het opent op 27 januari 1945, de dag waarop het kamp wordt bevrijd door het Rode Leger, wat het einde markeert van *If This Is a Man*.

> *"Het eerste Russische kamp kwam rond het middaguur op 27 januari 1945 in zicht. Charles en ik waren de eersten die ze zagen: we droegen het lichaam van Sómogyi naar het gemeenschappelijke graf, de eerste van onze kamergenoten die stierf. We kieperden de brancard op de besmeurde sneeuw, want de kuil was nu vol en er was geen ander graf voorhanden [...]"* (Het bestand)

Het bestand vertelt over de schijnbaar eindeloze terugreis door Midden-Europa en de vele obstakels die Levi moest overwinnen voordat hij op 19 oktober in Turijn aankwam. De titel geeft weer hoe Levi deze periode zag als een tijd waarin zijn geest vrij kon zijn van de obsessieve gedachten aan de gevangenis die zijn voorgaande jaar in Auschwitz hadden gekenmerkt.

DE LITERATUUR VAN DE CONCENTRATIEKAMPEN

In de jaren direct na de oorlog werden talrijke boeken over de concentratiekampen gepubliceerd, omdat veel overlevenden de behoefte voelden om te getuigen van de verschrikkingen die zij hadden meegemaakt. Sommige van deze verslagen vielen op door hun artistieke verdiensten en kunnen als echte meesterwerken worden beschouwd.

The Human Race, van Robert Antelme, de echtgenoot van de Franse schrijfster en scenarioschrijfster Marguerite Duras

(1914-1996), is een van de grote meesterwerken van de holocaustliteratuur. Het vertelt over zijn ervaringen in de concentratiekampen Buchenwald, Gandersheim en Dachau, en is grotendeels essayistisch van vorm omdat Antelme zich meer richt op het leven in de kampen en de betekenis van het concentratiekampsysteem dan op emotie alleen. In het voorwoord van het boek benadrukt hij dat de overlevenden het moeilijk vinden om over hun emoties te praten:

> *"Twee jaar geleden, tijdens de eerste dagen na onze terugkeer, denk ik dat we allemaal ten prooi waren aan een waar delirium. We wilden spreken, gehoord worden. Men zei ons dat ons uiterlijk op zich al voldoende zeggingskracht had […]. Hoe konden we ons erbij neerleggen dat we niet probeerden uit te leggen hoe we in deze toestand terecht waren gekomen? […] En zelfs dat was onmogelijk. Zodra we ons verhaal begonnen te vertellen, stikten we. En dan, zelfs voor ons, begon wat we te vertellen hadden onvoorstelbaar te lijken." (*The Human Race*, p. 3)

Het idee van het onzegbare is een gemeenschappelijk thema in alle boeken die door voormalige gevangenen over concentratiekampen zijn geschreven. Het is alsof alleen degenen die de ervaring hebben overleefd deze volledig kunnen begrijpen, omdat er in geen enkele taal woorden bestaan die deze ervaring adequaat kunnen beschrijven. In een latere tekst schreef Antelme dat de ervaring van de gevangenen onvertaalbaar was omdat zij dingen hadden gezien die geen mens zou mogen zien.

De eerste roman van de Hongaarse schrijver Imre Kertész (1929-2016), *Fateless*, biedt een meeslepende literaire getuigenis van de concentratiekampen van de nazi's. Het vertelt het verhaal van Koves, een 14-jarige Joodse jongen en in zekere zin het alter ego van de auteur, die wordt gedeporteerd naar Auschwitz en vervolgens wordt overgebracht naar Buchenwald.

Anders dan in Antelme's boek lijkt Kertész los te staan van de gebeurtenissen om hem heen. Hij plaatst een aanzienlijke afstand tussen zichzelf en de werkelijkheid, en illustreert op die manier perfect de absurditeit van de verschrikkingen ervan. Wanneer hij terugkeert naar Boedapest, moet hij zijn medeburgers onder ogen zien, die de omvang van de tragedie van de kampen eenvoudigweg niet kunnen bevatten.

Er zijn een aantal overeenkomsten tussen *Fateless* en *If This Is a Man*, aangezien beide romans het leven in de kampen beschrijven, de verschrikkingen die het bestaan daar kenmerkten, en het illusoire respijt dat ziekte bood. De verschillende leeftijden van de hoofdpersonen betekenen echter dat hun respectievelijke ervaringen met de kampen fundamenteel verschillend zijn: Levi is met 24 jaar een jonge man, terwijl de 14-jarige Kovas nog een kind is, zoals de auteur was toen hij naar de kampen werd gestuurd. In een interview in 2012 benadrukte Kertész de kloof tussen de twee mannen. Hij beschreef Levi als een humanist die moreel verontwaardigd was over Auschwitz, terwijl hij het zelf als een school zag, omdat het hem gevormd had nadat het hem zijn identiteit had afgenomen.

In zijn autobiografische roman *De lange reis vertelt* de Spaanse schrijver Jorge Semprún (1923-2011) over zijn deportatie naar het concentratiekamp Buchenwald omdat hij communist was. Het verhaal richt zich meer op de reis naar het kamp dan op de kampperiode zelf, en bevat talrijke uitweidingen over zijn leven voor het kamp en na de bevrijding. Hij besprak het kampleven en de verschrikkingen ervan in zijn latere roman *Literatuur of leven* (1994).

VERDERE REFLECTIE

ENKELE VRAGEN OM OVER NA TE DENKEN...

- Hoe past de schrijfstijl van Levi bij zijn doel om te getuigen van de verschrikkingen van de kampen?

- Wat maakt deze getuigenis anders dan pure autobiografie?

- Verklaar het verband tussen de gevangenen, met name Levi, en de taal.

- Is het volgens u nog mogelijk om met literatuur bezig te zijn na een ervaring als Auschwitz?

- Wat is de betekenis van de titel *If This Is a Man*?

- Geef commentaar op het volgende citaat: "Wie kan het ene gezicht van het andere onderscheiden?"

- In de bijlage van het boek stelt Levi dat we iets over het nazisme kunnen willen weten, maar het niet kunnen begrijpen. Leg uit wat hij daarmee bedoelt.

- *If This Is a Man* is meerdere malen bewerkt voor het toneel. Als u het boek zou bewerken, welke elementen zou u dan gebruiken? Hoe zou u Levi's analytische benadering overbrengen?

- In *Literatuur of leven* (1997) behandelt Jorge Semprún het onderwerp concentratiekampen, dat hij zelf in Buchenwald heeft meegemaakt. Welke overeenkomsten zijn er tussen beide werken, zowel qua vorm als qua inhoud? Wat is het belangrijkste verschil tussen deze twee boeken wat betreft de manier waarop ze zijn geschreven?

- Vergelijk *If This Is a Man* met *The Human Race*, waarin Robert Antelme zijn ervaringen met het kamp deelt.

VERDER LEZEN

REFERENTIE-UITGAVE

Levi, P. (1991) *If This Is a Man/The Truce*. Trans. Woolf, S. Londen: Abacus.

KLASSIEKERS UIT DE HOLOCAUST LITERATUUR

Antelme, R. (1998) *Het menselijk ras*. Trans. Haight, J. en Mahler, A. Evanston, Illinois: Northwestern University Press.

Kértesz, I. (2006) *Fateless*. Trans. Wilkinson, T. Londen: Vintage.

Semprún, J. (1998) *Literatuur of leven*. Londen: Penguin.

Semprún, J. (2005) *De lange reis*. Trans. Seaver, R. New York: Overlook Press.

Todorov, T. (2000) *Facing the Extreme: Moral Life in the Concentration Camps*. Londen: Phoenix.

*We horen graag van jou! Laat
een reactie achter op jouw online bibliotheek
en deel je favoriete boeken op social media!*

De uitgever garandeert de betrouwbaarheid van de gepubliceerde informatie, die echter niet onder zijn verantwoordelijkheid valt.

www.50minutes.com

Master ISBN: 9782808687645
Papier ISBN: 9782808699044
Wettelijk depot: D/2023/12603/1184

Omslag: © Primento

Digitaal ontwerp: Primento, de digitale partner van uitgevers.